BLEURK, L'ENQUIQUINEUR DE L'ESPACE

Bruce COVILLE est né à Syracuse dans l'État de New York. Le métier d'écrivain le tenta dès la sixième et il décida d'écrire des livres d'enfants à dix-neuf ans après avoir lu *Winnie l'Ourson* pour la première fois. (Il l'avait peut-être lu plus tôt mais il ne le comprit qu'à cet âge-là.) Bruce Coville vit à Syracuse avec sa femme, l'illustratrice Katherine Coville, et un nombre tout à fait déraisonnable d'animaux familiers.

Du même auteur, dans la même collection :

Mon prof est un extraterrestre
Ciel ! Encore un prof extraterrestre !
Mon prof s'allume dans le noir
Mon prof a bousillé la planète

Embrasse-moi, crapaud !
Sors de là, dragon !

J'ai laissé mes baskets dans la dimension X
Grakker a mangé mon devoir de maths

Dans ses illustrations Katherine COVILLE fait preuve d'un humour délicieusement farfelu. Elle manifeste un faible pour des créatures qui n'ont pas encore été aperçues sur notre planète.

Bruce COVILLE

Bleurk, l'enquiquineur de l'espace

Traduit de l'américain par
Catherine Chaine

Illustrations de Katherine Coville

POCKET jeunesse

Titre original :
Space Brat

Publié pour la première fois en 1992
par Pocket Books, a division of Simon & Schuster,
New York

Loi n° 49-956 du 16 juillet 1949 sur les publications destinées
à la jeunesse : juin 1998.

Couverture illustrée par Greg Wray

ISBN 2-266-08080-6

Pour nos trois petits enquiquineurs,
qui ont toujours voulu savoir pourquoi
cette histoire n'était pas devenue un livre.
Maintenant, c'est chose faite.

CHAPITRE PREMIER

BLEURK

Ce soir-là, Bleurk se cachait dans son coin secret, avec son poilfou dans les bras.

Pas facile de serrer un poilfou dans ses bras. Avec leurs six pattes et leur belle fourrure violette, ils pèsent plus de 150 kilos ! Mais les poilfous raffolent des câlins et Bleurk se sentait toujours beaucoup mieux, blotti contre le sien.

Tous les deux, ils s'adoraient vraiment.

Ce soir-là, plus que jamais, Bleurk avait besoin du réconfort de son poilfou : il venait de piquer une colère.

Jusque-là, rien d'étonnant : Bleurk était le roi des colères.

Mais celle-là, justement, n'avait servi à rien. Ça, c'était bien la première fois et Bleurk se sentait anéanti. En miettes.

Bleurk se mettait en rage pour deux raisons.

D'abord, il avait très vite compris que cela lui permettait presque toujours d'obtenir ce qu'il voulait. Ensuite, il utilisait ces crises depuis si longtemps que c'était devenu une habitude.

Aujourd'hui, il avait déclenché son *système colère* parce que sa maîtresse, Meuf Prof, lui avait mis un zéro en géographie. Bleurk voulait le faire changer en dix. Mais la note était enregistrée dans l'ordinateur de la classe et, comme les ordinateurs se moquent éperdument des caprices, il n'avait pas obtenu satisfaction.

Bleurk se sentait misérable.

— Personne ne m'aime, dit-il à Lunk.

Lunk tira alors une de ses grandes langues vertes (les poilfous en ont trois) et lécha la figure de Bleurk. Il avait choisi la plus douce des trois, la plus agréable.

— Enfin, peut-être que, toi, tu m'aimes, dit Bleurk. Mais tu es bien le seul.

C'était la triste vérité. Personne n'avait la moindre affection pour Bleurk.

Il faut dire qu'à cette époque Bleurk n'était pas très sympathique. Ce n'était pas vraiment sa faute s'il était désagréable. En fait, il était devenu un enquiquineur par hasard.

Voilà comment tout était arrivé.

Sur la planète Splat, les enfants ne naissent pas comme sur Terre. Ils se forment dans des œufs. Après l'éclosion, ils dorment sagement pendant trois mois. Puis ils se lèvent, se mettent à marcher, et c'est rigolo de jouer avec eux.

Ce système convient parfaitement aux parents.

Par malheur, quand Bleurk était sorti de son œuf, un bout de coquille s'était planté derrière son oreille. Cela lui faisait très mal et Bleurk s'était mis à pleurer.

Or, sur Splat, les enfants ne sont pas censés pleurer.

Le robot qui s'occupait de la crèche avait alors roulé jusqu'à Bleurk et lui avait collé une étiquette sur le front : ENQUIQUINEUR. Écrit en grosses lettres noires.

Tous ses malheurs remontaient à ce jour déplorable. Le bout de coquille d'œuf avait fini par tomber. Bleurk avait cessé de souffrir. Mais comme il n'avait pas eu les trois mois de sommeil nécessaires à n'importe quel bébé de Splat, il râlait presque tout le temps.

Pire encore, avec son étiquette collée sur le front, tout le monde pensait qu'il était *vraiment* un enquiquineur.

Résultat : dès qu'une bêtise était faite, Bleurk était accusé.

Évidemment, les enfants ne sont jamais parfaits, même sur Splat. Mais certains adultes aiment le croire. Donc, dès que quelque chose clochait, Bleurk était montré du doigt. Et les parents pouvaient continuer à penser que tous les autres jeunes Splatiens étaient des anges.

Dans le Quartier des Enfants, lorsque Appus Meko avait collé les yeux de toutes les poupées du Bâtiment 78 avec de la glu

357911
204862
826642
468846
028406

liquide, c'est Bleurk qui avait été envoyé au Pavillon des Fessées.

Quand Murgo avait versé en douce une dose d'engrais dans la plante verte du directeur Bongoo et que les feuilles avaient envahi le bureau, l'entrée et deux salles de classe, c'est encore Bleurk qui avait dû écrire 500 000 fois : « Je nourris les plantes seulement si on me le demande. »

Et quand Lakka avait piqué un vieux laser presque kaput et avait gravé un *très* gros mot sur le mur de l'école, c'est toujours Bleurk qui avait passé trois semaines dans le Grand Puits Noir.

(Sur Splat, les punitions étant très sévères, les enfants sont plutôt sages.)

Bleurk n'en pouvait plus d'être grondé à la place des autres. Puni pour puni, n'ayant plus rien à perdre, il décida de concocter la bêtise du siècle. Mais avant même d'avoir pu mettre au point son plan, une nouvelle catastrophe arriva : quelqu'un mit de la poudre antipesanteur dans le déjeuner de Meuf Prof. Il fallut attendre la fin de l'après-midi pour qu'on arrive à la décoller du plafond.

Quand Bleurk fut à nouveau accusé, il sentit quelque chose se casser net à l'intérieur de lui-même. Il se mit à crier.

Tout le monde recula.

Il se mit à hurler.

Un murmure d'étonnement se propagea dans toute la classe.

Il se mit à trépigner et à brailler à pleins poumons.

Quelqu'un fonça chez le directeur.

Bleurk sautait maintenant comme un fou furieux. Il mordit une chaise et retint son souffle jusqu'à devenir bleu. Finalement, il se jeta à plat ventre pour tambouriner le sol avec ses mains et ses pieds.

Le directeur envoya chercher l'Homme de Tête — les Splatiens donnent ce nom au spécialiste des problèmes de caractère.

L'Homme de Tête lança un seul coup d'œil à Bleurk et dit :

— On s'y est mal pris avec cet enfant. Il faut changer de méthode. À partir d'aujourd'hui, soyez plus compréhensifs et il fera des progrès. J'en suis sûr.

Non seulement Bleurk ne fut pas puni pour la poudre antipesanteur — ce n'était que justice puisqu'il n'était pas coupable —, mais il ne fut plus jamais grondé pour quoi que ce soit.

Ce fut une catastrophe car il décida qu'il ferait tout ce qui lui passerait par la tête.

Bientôt, plus personne ne fut à l'abri des mauvais tours de Bleurk. Un après-midi, il colla tous les autres enfants à leurs chaises avec une poudre-efficace-pendant-trois-heures. Une fois délivrés, ses camarades étaient prêts à le réduire en chair à pâté. Ils se fichaient pas mal de ce qu'avait dit l'Homme de Tête, mais

Bleurk, toujours aussi malin, avait pris la poudre d'escampette.

La pauvre Meuf Prof n'était pas une sainte. Malgré les recommandations de l'Homme de Tête, il lui arrivait de perdre patience et de menacer Bleurk d'une bonne correction. En général, elle supportait deux grosses bêtises sur trois. Mais chaque fois que Meuf Prof allait le punir, Bleurk se roulait par terre. La maîtresse se souvenait alors des consignes de l'Homme de Tête et renonçait aux sanctions.

Bleurk devenait de plus en plus insupportable.

Ses colères grandissaient de jour en jour. Elles étaient fantastiques. Bleurk piquait les plus belles colères de la planète Splat. Certains pensaient même qu'il n'avait pas de rival dans tout le système planétaire, voire dans toute la galaxie.

Mais ces colères spectaculaires n'impressionnaient pas l'ordinateur. Bleurk avait toujours son zéro. Ce soir-là, il se sentait très mal et son poilfou n'arrivait pas à le consoler.

Bleurk prit alors une décision capitale. Puisqu'il n'obtenait pas ce qu'il voulait, il allait se venger.

— Lunk, dit-il en regardant son poilfou dans les yeux, demain, tu viens en classe avec moi.

Lunk lui lécha la figure.

Les poilfous savent être adorables.

Ils sont gros.

Ils sont également d'une bêtise exceptionnelle.

Bleurk n'ignorait rien de tout cela. Il sourit.

Demain serait un grand jour.

CHAPITRE II

LUNK

Le lendemain matin, Bleurk partit pour l'école en sifflotant et en shootant dans les cailloux du chemin.

Lunk marchait à ses côtés, bavant et rotant comme tous ses frères poilfous.

Bleurk tendit la main vers Lunk et le caressa tendrement.

Il avait trouvé Lunk trois ans plus tôt, après une journée particulièrement pénible. Le matin, il s'était réveillé d'une humeur massacrante. Puis, au petit déjeuner du Quartier des Enfants, on lui avait servi des œufs de Gellafleur.

Bleurk détestait les œufs de Gellafleur. Marron à l'intérieur, ils ressemblaient à de la boue et leur goût était exécrable. Quand ils étaient brouillés, ils soulevaient le cœur. Il avait refusé de les manger.

Le surveillant avait roulé jusqu'à lui pour voir ce qui n'allait pas et Bleurk lui avait dit :

— Si j'avale ça, je vomis.

Comme cette histoire était arrivée avant que Bleurk ne pique ses monstrueuses colères, le surveillant avait refusé de lui servir autre chose. Et Bleurk était allé en classe le ventre vide.

Ensuite, il avait raté son contrôle d'histoire parce qu'il ne se rappelait plus quand les premières navettes spatiales avaient atterri sur Splat.

Puis Appus Meko avait commencé à l'embêter parce que... tout simplement parce que Appus Meko était le roi des casse-pieds.

Pour tout arranger, il avait perdu son stylet à écrire et personne n'avait voulu en prêter un à quelqu'un d'aussi grincheux. Enfin, galère suprême, Meuf Prof l'avait gardé après la sonnerie pour qu'il finisse son travail.

Appus Meko et sa bande l'attendaient à la sortie de l'école. Ils se moquèrent de Bleurk et de ses heures de colle. Leurs rires blessaient Bleurk, qui sentit une larme se former au coin de son œil. Il détestait pleurer, surtout quand on le regardait.

Il se mit à courir. Il galopa aussi vite et aussi loin qu'il put, au-delà des terrains de l'école, au-delà du Bâtiment 78 du Quartier des Enfants, au-delà des limites de la ville — jusqu'au marécage bouillonnant qui s'étendait derrière les panneaux : ACCÈS INTERDIT, DANGER.

Bleurk se moquait des panneaux. Il voulait seulement fuir ces gens qui empoisonnaient sa vie depuis toujours. Comme il ne regardait pas où il allait, il rentra la tête la première dans une plante géante. La tige, plus haute que lui, cassa net, tomba dans le marécage bouillonnant et disparut.

Bleurk s'assit et se frotta la tête. Puis il poussa un cri. Il n'en croyait pas ses yeux : la base de la tige contenait un nid de poilfous. Et à l'intérieur du nid, il restait un œuf !

Bleurk fronça les sourcils. Il savait que les poilfous pondaient leurs œufs par quatre. Où donc étaient les autres ?

Il regarda de plus près. À côté de l'œuf, trois coquilles étaient cassées.

Il poussa un soupir. Cet œuf était sûrement mauvais. La mère n'avait pas attendu son éclosion et elle était partie avec les autres petits.

Bleurk regardait cet œuf avec fureur. Il le maudissait. Il détestait les œufs en général, et celui-ci en particulier car il n'aurait pas dû être un œuf. Il aurait dû être un poilfou. Il le ramassa et le lança rageusement contre un rocher.

L'œuf éclata en deux. Et un minuscule petit poilfou roula à l'extérieur.

Bleurk s'en voulait à mort. Jamais il n'aurait imaginé qu'il puisse y avoir un bébé dans la coquille ! Était-il sain et sauf ?

Il se précipita vers le poilfou et le ramassa. Il était vivant !

Le poilfou tenait juste dans la paume de Bleurk. Sa fourrure violette était douce et chaude. Lové dans le creux de sa main, il rota et s'endormit.

Bleurk sourit pour la première fois de la journée. Puis il glissa le poilfou sous sa veste et se dirigea vers le Quartier des Enfants.

— Mais les poilfous deviennent énormes ! dit le surveillant.

Il ne savait pas quoi faire. Le règlement précisait que chaque enfant avait droit à un animal, à condition qu'il s'en occupe et qu'il nettoie ses saletés.

Bleurk le savait parfaitement. Le surveillant était coincé.

Bleurk décida d'appeler son poilfou Lunk et le garda dans sa chambre. Il en prit grand soin et le nourrit chaque jour. Et, comme prévu, le poilfou grandit… grandit… et grandit !

Exactement comme Bleurk l'espérait.

Ce matin-là donc, Bleurk sifflotait sur le chemin de l'école, suivi de son poilfou pas trop futé de 150 kilos. Il ne pouvait s'empêcher de sourire à l'idée de ce qui allait peut-être se passer…

Arrivé à l'école, Bleurk installa son poilfou devant la porte avant d'aller sagement s'asseoir à sa place. Meuf Prof ramena les élèves au calme, fit l'appel et demanda si quelqu'un avait préparé quelque chose pour l'Heure « Raconte ci, Montre ça ».

Bleurk leva la main.

Meuf Prof fronça les sourcils. Bleurk participait rarement en classe. Quand il le faisait, c'était généralement dangereux.

— De quoi s'agit-il, Bleurk ? demanda-t-elle avec méfiance.

— De mon meilleur ami, répondit Bleurk.

Il se dirigea vers la porte du fond de la classe et l'ouvrit.

Lunk entra en se dandinant. Il reniflait bruyamment et faisait claquer ses langues. Bleurk le fit passer entre deux rangées de pupitres mais Lunk était trop large et son arrière-train renversait toutes les tables.

Bleurk fit semblant de ne rien voir. Lunk, lui, ne remarquait vraiment rien.

Meuf Prof se leva, les yeux étincelants. Elle ouvrit la bouche mais aucun son n'en sortit car elle ne savait par où commencer.

Bleurk se retourna vers la classe. Il prit un air légèrement étonné à la vue des pupitres renversés.

— Bleurk ! finit par hurler Meuf Prof. Est-ce que tu vois ce que tu fais ?

— Je vous montre mon poilfou, répondit Bleurk sans l'ombre d'un sourire.

— Mais il n'a rien à faire ici !

Bleurk plaqua ses deux mains sur les oreilles de Lunk.

— Chut… Vous lui faites de la peine !

Meuf Prof commença à tambouriner du pied, ce qui, en général, n'annonçait rien de bon.

Bleurk répliqua par une moue. Avançant légèrement sa lèvre inférieure, il la fit trembler un peu.

— Ce poilfou est mon meilleur ami, dit-il. Vous avez dit qu'à l'Heure « Raconte ci, Montre ça » il faut amener quelque chose qu'on aime. Lunk est ce que j'aime le plus au monde.

Lunk sortit sa langue du milieu, rugueuse et douce à la fois, et lécha le visage de Bleurk.

— C'est vrai qu'il est gentil, dit la maîtresse.

Lunk rota.

Bleurk retourna à son siège. Lunk, sur ses talons, renversa trois autres pupitres sur son passage.

Le calme semblait revenu, lorsque Lunk remarqua un petit moustique qui voletait autour de sa tête. Il essaya de l'attraper avec sa langue du milieu.

— Pouah ! cria Chipette Vénère, la voisine de Bleurk. Lunk a bavé sur ma rédac ! beurk !

— Ce n'est pas sa faute ! cria Bleurk indigné. Tous les poilfous sont comme ça.

Le moustique descendait maintenant l'allée centrale. Lunk, de plus en plus frétillant, le suivait.

L'insecte virevoltait d'un élève à l'autre au premier rang de la classe.

Lunk bondit dans sa direction.

Boum ! boum ! badaboum ! Le sol tremblait à chaque saut tandis que tables et enfants valsaient en tous sens.

— Bleurk ! aboya Meuf Prof. Arrête ce poilfou !

— Oui, m'dame, dit Bleurk.

Et il se dirigea vers le premier rang.

Badaboum !

Bleurk et tout le matériel de la classe rebondirent dans les airs.

Bleurk fit un nouveau pas en avant.

Boum !

Bond.

Badaboum !

Rebond.

Bleurk avait presque rejoint Lunk.

Par malheur, le moustique volait maintenant vers le bureau de Meuf Prof. Lunk suivait, bondissant de plus en plus vite, de plus en plus lourdement. Il sauta sur la chaise de la maîtresse puis sur son bureau.

Il s'immobilisa, essayant de happer le moustique. Trois secondes après, le bureau se fendit sous son poids. Ses pattes débordaient de partout. Papiers, crayons, gommes, feuilles de copie voltigèrent aux quatre coins de la pièce.

Bleurk stoppa net sa course. Se venger, d'accord, mais là, il ne contrôlait plus rien. L'orage menaçait.

Il rassembla ses forces pour une colère.

Meuf Prof tremblait de rage. Le poilfou léchait sa patte avant. La classe était en délire.

La maîtresse fusilla Bleurk du regard et s'avança vers l'ordinateur-télé.

L'heure de la colère, pensa Bleurk.

Il se jeta par terre et commença à hurler.

Cette fureur fut un triomphe. Même les enfants qui connaissaient les crises de Bleurk depuis longtemps étaient impressionnés. Mais Meuf Prof, poussée à bout, avait craqué. Enfonçant un bouton de l'ordinateur-télé, elle dit très distinctement :

— Envoyez-moi la Brigade Anti-Nuisibles.

Bleurk s'immobilisa pile au milieu d'un coup de pied. La Brigade Anti-Nuisibles ! Il savait ce qu'elle faisait aux poilfous. La même chose qu'aux animaux qui devenaient encombrants ou gênants.

Elle les réduisait en poussière.

Poussière !

Bleurk frissonna. Il ne permettrait pas qu'on touche à un seul poil de Lunk !

CHAPITRE III

LA FUITE

La Brigade Anti-Nuisibles pila devant l'école. Trois hommes se précipitèrent dans la salle de classe. Ils emprisonnèrent Lunk dans de grands filets et l'emportèrent au-dehors.

— *Lunk !* cria Bleurk.

Il ne savait que faire. À cet instant précis, une colère ne servirait à rien.

— Bleurk, assieds-toi, dit Meuf Prof.

Bleurk n'en fit rien. Il s'enfuit à toutes jambes.

Il vit alors les hommes en train de charger Lunk dans un gros fourgon spatial.

— Arrêtez ! hurla Bleurk. Ce poilfou m'appartient ! Je l'adore !

Les hommes l'ignorèrent. Après avoir claqué le coffre du fourgon, ils bondirent à l'avant. Dans une seconde, ils allaient décoller et Lunk disparaîtrait pour toujours.

Bleurk s'agrippa à l'arrière de l'engin. Il ne voyait pas d'autre solution. Le fourgon spatial vrombit et s'éleva dans les airs.

Bleurk s'accrochait désespérément. Une minute plus tard, il regarda en bas. Ce fut une erreur. Il ferma les yeux et se cramponna encore plus fort.

Un peu après, ils atterrirent au milieu de l'enceinte de la Brigade Anti-Nuisibles. Pendant que les hommes sortaient à l'avant, Bleurk sauta à terre précipitamment. Il se cacha sous l'engin et observa les jambes de ses ennemis qui rejoignaient rapidement l'arrière du véhicule.

Bleurk entendit les portes s'ouvrir. Puis il reconnut les gémissements de Lunk qu'on hissait hors du coffre.

Bleurk serra les dents.

C'est lui qui avait entraîné Lunk dans cette fâcheuse aventure. Il devait l'aider. Il sentit une vague de colère l'envahir. Sa vie avait toujours été difficile. Et maintenant le seul être qu'il aimait allait être supprimé. C'était plus qu'il ne pouvait supporter. Il voulait récupérer Lunk et partir loin de tout et de tout le monde.

S'enfuir…

Cela le fit réfléchir.

Bleurk rampa jusqu'à la pointe du fourgon spatial et risqua un coup d'œil aux alentours. Il vit une voiture-fusée à l'autre extrémité de l'enceinte. Grande et super-luxe, elle appartenait sans doute au chef de la Brigade Anti-Nuisibles et était sûrement équipée pour un vol au long cours.

Bleurk sortit sans bruit de sa cachette et courut vers l'auto.

Il regarda par-dessus son épaule : les hommes qui traînaient Lunk étaient presque arrivés au bâtiment. Il fallait faire vite.

Bleurk sauta dans la voiture et appuya sur le bouton DÉPART. Les moteurs vrombirent. Les hommes de la Brigade se retournèrent brusquement pour voir ce qui se passait. À cet instant, la voiture-fusée décolla en flèche.

Effrayés, les hommes lâchèrent Lunk et coururent se mettre à l'abri. Bleurk repéra un bouton du tableau de bord sur lequel était écrit le mot FILET. Comme l'auto appartenait à la Brigade Anti-Nuisibles, il devina à quoi il servait. Fonçant vers Lunk, il appuya sur le bouton. Un filet tomba et ramassa son ami.

Bleurk tira le manche à balai vers lui.

L'engin s'élança dans les airs.

Maintenant, il ne lui restait plus qu'à faire rentrer Lunk dans la voiture-fusée.

Il prit encore de l'altitude et mit la fusée en pilotage automatique.

Les hommes de la Brigade Anti-Nuisibles allaient leur donner la chasse. Il avait intérêt à foncer.

Sur le tableau de bord, il chercha le bouton qui hisserait Lunk à l'intérieur de la cabine. Il n'en voyait aucun qui remonterait à coup sûr le filet *avant* de l'ouvrir.

Il ne voulait pas prendre le risque de faire tomber Lunk d'une telle hauteur. Finalement, il alla à l'arrière de la voiture, se mit à plat ventre et regarda par la trappe.

Lunk se balançait dans le vide trois mètres en dessous de lui. Et à des milliers de mètres plus bas défilait le sol.

Bleurk sentit son estomac se retourner.

Lunk gémissait et tremblait.

Bleurk compatissait.

— Ne t'en fais pas, Lunky, dit-il. Je vais te remonter. Ferme les yeux et tiens bon.

Lunk baissa les paupières. Mais il continua à geindre et à grelotter.

Bleurk se creusait les méninges. Que pouvait-il faire ?

Il se souvint alors d'un jouet qui l'avait amusé quand il était petit, formé d'une balle reliée par une ficelle à une tasse.

Avec un mouvement suffisamment rapide, on pouvait placer la balle dans la tasse.

Bleurk était devenu très fortiche à ce jeu. Il se demandait s'il serait assez calé pour réussir ce qu'il avait maintenant en tête.

Il n'en était pas sûr. Mais il n'avait pas le choix.

Bleurk revint en courant au tableau de bord. Il le fixa un moment puis, tandis qu'il accélérait à fond, il fit piquer du nez la fusée. Celle-ci se dirigea un instant droit vers le sol. Mais au lieu de s'écraser, la fusée poursuivit son virage jusqu'à ce qu'elle eût accompli un demi-cercle parfait. À présent, la voiture spatiale volait complètement à l'envers.

— Hourra !

Bleurk avait poussé un cri d'enthousiasme. Lunk était passé par la trappe et avait atterri sur le plafond, qui était maintenant le plancher. Mais il ne pouvait pas encore souffler : il fallait sortir Lunk du filet.

Bleurk referma la trappe. L'auto-fusée continuait sa courbe et remontait vers les étoiles. Lunk glissait vers le coffre. Bleurk acheva le cercle. À présent, ils avaient repris leur position normale et Lunk était en sécurité sur le sol.

— Gagné, chef ! cria Bleurk. Tu es sain et sauf !

Il courut vers Lunk pour le délivrer du filet.

Lunk lécha la figure de Bleurk.

Mais ce n'était pas le moment de s'attendrir. La Brigade Anti-Nuisibles était sûrement à leurs trousses.

Bleurk prit sa décision. Il allait s'enfuir.

Pour un Splatien il y avait deux possibilités : A) la Zone Inexplorée à l'extrémité de Splat ; B) l'Espace Intersidéral.

Bleurk savait où il voulait aller. Il attacha Lunk dans un fauteuil rembourré. Puis il s'installa aux commandes et mit également sa ceinture de sécurité.

Mettant le cap vers les étoiles, il appuya sur l'accélérateur.

— À nous les Espaces Infinis ! cria-t-il.

La force de l'envol les plaqua à leur siège. Bleurk avait l'impression que Lunk était assis sur lui. Il ne pouvait plus respirer. La peau de sa figure s'étirait vers ses oreilles.

Il se demanda quelle tête il avait, puis décida qu'il ne voulait pas le savoir. Il préféra risquer un coup d'œil sur Lunk. Il était curieux de voir à quoi ressemblait un poilfou aplati comme une crêpe. Mais la pression était tellement forte que, malgré des efforts désespérés, il ne put même pas tourner la tête.

La force de gravité ne dura qu'un moment. Bientôt ils sortirent du champ d'attraction de Splat.

Ils avaient réussi ! Ils étaient dans le cosmos !

Bleurk défit sa ceinture de sécurité et s'éleva dans l'air. Puis il libéra aussi Lunk et lui prit une patte. Quand il le lâcha, le poilfou monta jusqu'au toit de la voiture-fusée.

Stupéfait, Lunk ouvrait d'immenses yeux ronds. La panique le saisit. Il tira ses trois langues à la fois, essaya de courir mais ne put qu'agiter ses pattes dans le vide comme de ridicules pagaies.

Bleurk rigola.

— Tout va bien, Lunky. Tu es à l'abri de la Brigade Anti-Nuisibles maintenant.

Lunk sourit et bava.

Bleurk se remit aux commandes.

Le temps passa.

Bleurk commençait à s'ennuyer. Se balader dans le cosmos n'était pas aussi drôle qu'il l'avait cru. Il commençait à comprendre pourquoi cela s'appelait l'espace. Ce n'était rien d'autre. De l'espace.

Beaucoup de vide.

Rien.

Bleurk bâilla et commença à somnoler. Bientôt, il s'endormit.

La voiture spatiale poursuivait son vol.

CHAPITRE IV

CROUPI

Bleurk était inquiet.

Son plan initial avait consisté à s'éloigner en ligne droite de Splat. De cette manière, s'il décidait de revenir chez lui, il n'aurait qu'à faire demi-tour et à voler dans le sens contraire. Mais à un certain moment du parcours, il avait effectué un virage. Maintenant il ne savait plus du tout où ils se trouvaient.

Par-dessus le marché, Lunk commençait à s'ennuyer. Et les poilfous désœuvrés deviennent dangereux.

Enfin, pire que tout, ils n'avaient plus rien à se mettre sous la dent.

Bleurk n'avait pas envie d'être perdu dans l'Espace Intersidéral avec un poilfou affamé qui en avait marre.

Le sixième jour de voyage, Bleurk, assis à son poste de pilotage, tripotait les boutons de commandes. La fusée était près d'un champ de gravité et Bleurk passait son temps à rentrer et sortir de cette zone d'attraction, observant Lunk s'aplatir au sol puis flotter sous le plafond. Ce n'était pas très gentil mais c'était la seule idée qu'il avait trouvée pour s'occuper.

Tout à coup, il repéra quelque chose devant eux.

— Hé, Lunky ! hurla-t-il. Regarde. Une planète !

Lunk se dandina jusqu'à Bleurk.

— Regarde, dit Bleurk, montrant du doigt un point dans l'espace. Allons-y. Peut-être trouverons-nous de la nourriture là-bas.

Lunk bava joyeusement. Il en avait par-dessus les oreilles de ce cosmos.

Ils descendirent en piqué vers la planète. Elle semblait bizarrement familière à Bleurk. Il haussa les épaules. Il devait l'avoir vue dans un de ses livres de classe. Il regretta de ne pas s'être intéressé davantage à l'astronomie. S'il l'avait fait, peut-être ne serait-il pas perdu maintenant !

Alors qu'ils se rapprochaient du sol, Bleurk remarqua un champ soigneusement cultivé. On devait y faire pousser de quoi manger.

Il n'avait pas besoin d'en voir plus. Il posa la fusée puis, avec Lunk, courut jusqu'au champ couvert de plantes violettes. Comme le costume de Bleurk et la fourrure de Lunk étaient violets, ils se sentaient en harmonie avec le paysage.

Puis Bleurk aperçut les gens.

En vérité, *gens* n'était pas vraiment le mot juste. Il s'agissait plutôt de… Choses. Chacune était à peu près trois fois plus grande que Bleurk, avec des épaules larges et de longs bras qui tombaient au-dessous des ge-

noux. Leur peau granuleuse était vert-de-gris. Elles avaient des fronts bombés qui surplombaient leurs petits yeux, des nez plats et deux dents pointues qui sortaient de leur mâchoire inférieure.

Bleurk frissonna.

— Trouvons quelque chose à manger et filons, souffla-t-il à Lunk.

Il regarda les plantes. Des boules pourpres pendaient en haut des tiges. Bleurk en toucha une. Elle était douce. Il se demanda quel goût elle avait. Il levait le bras pour en cueillir une quand une main géante l'attrapa par-derrière.

— Ouille ! hurla Bleurk. Lâchez-moi !

La Chose qui l'avait saisi ne le lâcha pas. En fait, elle ne l'avait même pas remarqué, trop occupée qu'elle était à récolter de la nourriture. Elle jeta Bleurk dans son panier avec ce qu'elle avait ramassé et continua à marcher. Bleurk essaya de se hisser hors du panier mais chaque fois qu'il arrivait au bord, la Chose lui envoyait une autre boule juteuse sur le crâne.

Heureusement le jus était bon. Bleurk se dit que les boules devaient être une sorte de fruits.

Il était content que ce ne soit pas des légumes.

Comme il ne pouvait pas s'échapper du panier, il décida de manger. Il dévora un fruit après l'autre. Il eut assez vite mal au cœur. Tandis que le panier tanguait au bras de la Chose, Bleurk se sentait de plus en plus barbouillé.

— Laissez-moi partir ! cria-t-il.

La Chose n'eut aucune réaction.

Après ce qui lui sembla des heures, les Choses s'arrêtèrent. Bleurk sentit qu'on soulevait le panier. Soudain il fut renversé.

— Aïe ! cria-t-il en tombant.

Il dégringola avec tous les fruits violets. Lunk apparut, roulant d'un autre panier. Bleurk sentit sa gorge se serrer. Il était content de voir Lunk. Mais si les Choses avaient cueilli un poilfou, elles devaient être vraiment costaudes.

Bleurk regarda autour de lui. Ils se trouvaient dans une grande pièce. C'est alors seulement qu'une des Choses le remarqua. L'air perplexe, elle s'approcha de lui et le souleva. Une autre attrapa Lunk. Puis toutes les Choses formèrent un grand cercle et se mirent à jacasser jusqu'à ce que l'une d'entre elles braille « … *Triiicrac !* ». Bleurk crut que ses tympans allaient exploser tant le cri était strident. Les autres Choses se turent.

— Croupi, dit celle qui avait braillé.

Ses semblables marmonnèrent et grognèrent un moment.

— Croupi ! s'exclamèrent-elles enfin.

Pas une ne s'accroupit. Bleurk se demandait ce qui se passait.

Les Choses entraînèrent les deux amis dans un immense hall en pierre. La troupe entreprit de le traverser. Ils marchèrent et marchèrent encore. Finalement, ils arrivèrent dans un gigantesque salon. À l'extrémité s'élevait un trône colossal.

Bleurk pensa qu'ils étaient sans doute dans un château.

Un homme était assis sur le trône. Plus petit que Bleurk à première vue. Il avait l'air terriblement grognon.

— Qu'est-ce que c'est que ça ? cria l'homme.

Bleurk se détendit. Au moins l'homme parlait le galactique classique. Ce serait agréable d'avoir à nouveau quelqu'un avec qui bavarder.

— C'est Bleurk, dit-il en se montrant du doigt.

— Que faisiez-vous dans les jardins royaux ?

— Mon poilfou et moi-même, nous cherchions de la nourriture. Nous avions faim.

— Rien à manger ! cria l'homme. Toute la nourriture m'appartient, à moi, le tout-puissant Croupi. Et je ne partage pas !

Sur un signe de Croupi, la Chose qui portait Bleurk le posa par terre. Celle qui tenait Lunk fit de même.

— Viens ici, ordonna Croupi avec un regard malin.

Bleurk avala sa salive. Il s'avança vers Croupi.

Le roi sauta de son trône. Il était en effet plus petit que Bleurk. Il détailla celui-ci de la tête aux pieds, lui donnant de petits coups, tout en le poussant. Puis il saisit les bras de Bleurk et les pinça.

— Oui, déclara Croupi. Tu feras l'affaire. Tu seras parfait.

— Parfait pour quoi ? demanda Bleurk.

— Pour être esclave !

Bleurk éclata de rire.

— C'est ridicule. L'esclavage est illégal.

— Non, dit Croupi. Ici, c'est moi qui fais la loi. Et l'une des règles prévoit que, si je veux un esclave, j'en prends un.

— Très peu pour moi, dit Bleurk. N'y comptez pas !

Croupi regarda Bleurk comme s'il n'arrivait pas à croire ce qu'il venait d'entendre.

— Tu oses me désobéir ! cria-t-il. Personne ne désobéit au tout-puissant Croupi !

Croupi remonta sur son trône, les poings serrés et tremblant de fureur. Soudain il fit entendre un cri rauque.

Bleurk le dévisagea.

— Que faites-vous ? demanda-t-il.

— Je fais une colère, imbécile !

Bleurk éclata d'un grand rire.

— Vous appelez ça une colère ? Regardez un peu !

Alors Bleurk piqua une rage spectaculaire.

Quand Bleurk fut épuisé, Croupi jaillit de son trône.

— Fan-tas-ti-que ! dit-il. Montre-moi comment faire.

— Sûrement pas, répondit Bleurk. Je fabrique les plus belles colères de la galaxie. Tout le monde le dit. Si je vous explique la technique, je ne serai plus le meilleur.

— Tu veux jouer les rebelles, hein ? dit Croupi. Très bien, tu t'en mordras les doigts. Tu vas changer d'avis plus vite que tu ne crois.

Il se tourna vers les Choses.

— Emmenez-les.

Deux d'entre elles montèrent jusqu'au trône. L'une ramassa Bleurk. L'autre Lunk. Elles les descendirent dans les profondeurs du château, les jetèrent dans une cellule et fermèrent la porte à double tour.

Bleurk était prisonnier, esclave du tout-puissant Croupi.

CHAPITRE V

LES CHOSES

Le lendemain matin, une Chose trottina jusqu'à la cellule de Bleurk et ouvrit la porte. Elle grommela quelques phrases en chosien. Bleurk ne comprit pas un traître mot. La Chose fit demi-tour et sortit.

Bleurk la suivit.

Lunk leur emboîta le pas.

Quelques instants plus tard, ils arrivèrent dans une grande pièce. Des douzaines de Choses, assises autour d'immenses tables, prenaient leur petit déjeuner. Celle qui était venue chercher Bleurk lui indiqua du doigt une place. Bleurk grimpa sur un banc puis en descendit.

Il n'avait pas l'intention de manger la pâtée gluante et verdâtre qu'on avait versée dans son assiette !

— On dirait des crottes de nez en purée, souffla-t-il à Lunk.

Lunk dévisagea Bleurk avec tristesse. De toute évidence, il se fichait pas mal de l'aspect de la bouillie ; il n'était qu'un poilfou affamé. Bleurk fit glisser son assiette sur le sol. Lunk engloutit la mixture avec un gloussement joyeux. Il avait léché le plat si avidement que ses trois langues gisaient sur le sol, toutes molles.

Bleurk s'approcha de la Chose qui l'avait amené là.

— Je ne mange pas ce genre de truc, dit-il d'une voix forte. Je veux des Popis sucrés.

Ces Popis étaient les céréales préférées de Bleurk pour le petit déjeuner.

— Yaksa, lança la Chose.

Et elle continua à manger.

Bleurk lui tira le bras.

— Je veux des Popis sucrés ! réclama-t-il en criant presque.

La Chose l'ignora.

— Des Popis sucrés ! hurla Bleurk. Des Popis sucrés ! Des Popis sucrés ! Des Popis sucrés !

La Chose se leva. Elle fit calmement tourner Bleurk sur lui-même. Puis, avant qu'il puisse dire ouf, elle lui envoya un bon coup de pied au derrière.

Bleurk atterrit quatre mètres plus loin. Trop ! C'était trop pour lui. Il ouvrit la bouche, prêt à piquer une colère monstrueuse, quand il reçut de plein fouet le choc de sa vie : sa machine à caprices était cassée !

Trois fois de suite, ses colères avaient échoué : il n'avait pas réussi à se débarrasser de son zéro en géographie, Lunk avait été emmené par la Brigade Anti-Nuisibles et, hier, Croupi avait fait de lui son esclave. Bleurk ne le savait pas encore, mais quelque chose avait été brisé en lui. Sa rage resta comprimée au fond de son ventre.

Furieux, Bleurk se leva, décidé à se précipiter sur la Chose qui lui avait envoyé un coup de pied et à la boxer dans les règles. Mais quand il regarda autour de lui, il vit que toutes les Choses le dévisageaient.

Aucune n'avait l'air franchement aimable.

Bleurk comprit qu'il ferait mieux de retourner à sa place sans broncher. Avant qu'il s'assoie, une cloche sonna.

Les Choses se levèrent et sortirent de la pièce. Bleurk resta sur son siège jusqu'à ce qu'on lui fasse comprendre qu'il avait intérêt à les suivre.

Bleurk suivit les Choses jusqu'à une grande cave sous le château. Celle qui l'accompagnait lui tendit un seau et une brosse. Puis elle le guida jusqu'à une vaste salle.

— Cirax ! dit la Chose.

— Quoi ?

La Chose se mit à quatre pattes et mima le travail que Bleurk devait accomplir. Bleurk n'en croyait pas ses yeux. Elle voulait lui faire nettoyer le sol ! Il jeta la brosse, croisa les bras et lui tourna le dos.

— Je ne lave pas les planchers, bougonna-t-il.

La Chose lui donna un nouveau coup de pied au derrière.

Bleurk ne put que s'exécuter : il ramassa la brosse et commença à récurer.

Il se mit alors dans la tête d'avoir la peau de cette Chose, quoi qu'il arrive.

La journée passait. Bleurk avait de plus en plus faim. Une cloche finit par sonner. La Chose vint le chercher. Le déjeuner n'était pas plus ragoûtant que le petit déjeuner mais Bleurk décida de l'avaler tel quel. La Chose remarqua que Bleurk mangeait mais que Lunk n'avait rien à se mettre sous la dent. Elle partit chercher une assiette garnie et l'apporta au poilfou.

Bleurk se sentit tout à coup moins furieux contre la Chose.

L'après-midi, Bleurk dut nourrir les poulpouètes. C'étaient d'étranges créatures avec de longs tentacules qui vivaient dans une caverne sous le château. Bleurk n'aimait pas ce boulot. Ça lui donnait la chair de poule.

Quand la cloche du dîner sonna, Bleurk était sur les rotules. Il s'endormit la tête sur son assiette. Une Chose le prit dans ses bras et le ramena dans sa cellule. Lunk les suivit tranquillement. La Chose mit Bleurk au lit, le borda et lui chanta une berceuse. Puis elle sortit de la chambre sur la pointe des pieds.

Bleurk dormit profondément.

Le jour suivant fut semblable et celui d'après également si ce n'est que Bleurk commençait à apprendre certains mots du langage chosien. Il n'était plus aussi furax. Mais il voulait toujours mettre Croupi KO.

Le quatrième soir, Bleurk était moins fatigué. Après le dîner, il suivit les Choses qui entrèrent dans une grande salle éclairée par des torches. Toutes assises en cercle, elles commencèrent à chanter une étrange mélodie.

Les Choses avaient des voix basses, rocailleuses, et le rythme en était bizarre, presque effrayant. Mais Bleurk se laissa emporter par cette musique. Ensuite, une des Choses se leva et commença à parler. Apparemment, elle racontait une histoire. Bleurk écoutait avec beaucoup d'attention, mais il ne comprenait rien. Bientôt toutes les Choses éclatèrent d'un rire hystérique. Puis, un peu plus loin dans le récit, plusieurs se mirent à pleurer.

Bleurk décida qu'il devait apprendre leur langue.

Quelques minutes après, deux Choses commencèrent à somnoler. Une autre s'allongea sur le sol et se mit à ronfler.

Lunk s'approcha d'elle et fourra le museau dans sa figure pour repérer d'où venait ce bruit étonnant. La Chose ronflait tellement fort que son souffle faisait voler les oreilles de Lunk comme des banderoles en plein vent.

Lunk avait l'air perplexe. Il donna un nouveau petit coup de tête à la Chose. Elle l'embrassa. Lunk revint en courant vers Bleurk.

Un peu plus tard, Bleurk commença à bâiller lui aussi. Il mit ses bras autour de Lunk pour lui faire un câlin et tous deux s'endormirent bientôt.

À partir de ce jour, Bleurk dormit chaque nuit dans la grande cave avec les Choses.

Bleurk fit une découverte intéressante. Plus il apprenait de mots chosiens, plus il lui était facile d'en connaître de nouveaux. Il se mit à comprendre de mieux en mieux et à parler avec les Choses, qui devenaient ses amies. Il les trouvait sympathiques. Elles lui racontaient des histoires, lui chantaient des chansons. Il avait l'impression de faire partie de leur famille.

Le seul problème était qu'elles ne toléraient pas le moindre caprice. Dès que Bleurk commençait à faire l'enquiquineur, elles lui envoyaient un bon coup de pied dans le derrière. Bleurk avait déjà perdu son pouvoir de piquer des colères. Maintenant, il devait abandonner aussi la plupart de ses ruses d'enfant gâté, qui ne lui apportaient plus que des ennuis.

C'était dur à avaler. Mais les Choses étaient si bienveillantes et si gentilles avec lui qu'il ne pouvait leur en vouloir. Il les aimait et les voir esclaves de Croupi le rendait malheureux.

Quand il apprit leur histoire, il se sentit encore plus triste.

Les Choses étaient des créatures fondamentalement douces. Leur taille énorme décourageait les agresseurs et elles n'étaient pas entraînées à la bagarre.

Un jour, Croupi avait atterri sur leur planète à bord d'un vaisseau spatial. Il était armé d'un fusil à rayons laser et leur avait montré comment il pouvait faire exploser un arbre en mille morceaux. Puis il se proclama roi et déclara aux Choses qu'elles seraient ses esclaves.

Les Choses discutèrent entre elles. Elles n'étaient pas sûres d'accepter les conditions de Croupi.

Croupi foudroya un autre arbre.

Les Choses décidèrent que, finalement, il était plus prudent d'être d'accord avec le roi.

C'est Croupi qui leur avait fait construire le château. Lui aussi qui les obligeait à travailler dans les champs, à frotter les sols et à

nourrir les poulpouètes. C'est Croupi encore qui les empêchait de danser dans les prairies comme elles aimaient le faire avant son arrivée.

Les Choses ne portaient pas Croupi dans leur cœur. Mais elles avaient horreur de se battre. Et elles avaient peur de son fusil.

Bleurk se mit à détester Croupi de plus en plus.

Un jour, on l'emmena travailler dans la salle du trône. De son siège, Croupi jetait un regard mauvais sur tout ce qui l'entourait. Il n'avait pas du tout la prestance d'un roi.

Bleurk reçut l'ordre d'astiquer les doigts de pied de Croupi avec une petite brosse. Il se mit à l'ouvrage, mais plus il astiquait les orteils du roi, plus il devenait furax.

Un peu plus tard, Croupi héla une Chose particulièrement énorme qui passait par là. Elle s'approcha du trône en traînant les pieds.

Bleurk reconnut la Chose. C'était la cuisinière du château.

— J'ai choisi le menu de mon dîner, dit Croupi.

La Chose grogna, ce qui signifiait : « C'est quoi ? »

— Ça, fit Croupi avec un sourire.

Bleurk eut le souffle coupé : Croupi montrait Lunk du doigt.

CHAPITRE VI

COLÈRES

— Ce poilfou m'appartient ! hurla Bleurk.

— Et alors ?

— Et alors je ne veux pas que vous le mangiez !

— Et pourquoi donc ?

— Parce que je l'aime !

Croupi partit d'un grand rire.

— Tu penses bien que ça m'est complètement égal. Je m'en contrefiche !

Bleurk sentit en lui comme un début de bouillonnement. Une vague de colère folle l'envahit. Il commença à frissonner, puis à trembler. Il était au bord du vertige, ivre de rage.

La fureur d'être traité en esclave, celle de voir Croupi menacer Lunk se fondirent en une seule colère d'une violence inouïe. L'éruption eut lieu. Bleurk se déchaîna.

Croupi grimpa sur son trône pour éviter les coups. Les Choses se reculèrent contre les murs. Dans les souterrains, les poulpouètes se mirent à mugir de peur.

Bleurk se roulait par terre, donnant des coups de pied, hurlant et martelant le sol. Il cognait même les murs. Il grinçait des dents. Il devint bleu.

Il mordit le tout-puissant Croupi au gros orteil.

Les Choses retenaient leur souffle. Qu'allait faire Croupi maintenant ?

Tandis que Bleurk commençait à se calmer, une expression d'envie tordit la figure de Croupi.

— C'était fantastique ! cria-t-il. Apprends-moi à piquer une colère pareille et je te donnerai la liberté !

Bleurk n'en pouvait plus d'être un esclave. Il était prêt à filer tous ses secrets à Croupi. Mais à une condition.

— Lunk aussi ? demanda-t-il.

— Lunk aussi.

— Marché conclu !

Les leçons de colère commencèrent donc. Bleurk montra tous les trucs qu'il connaissait : comment cogner le sol sans vraiment se faire mal ; comment retenir sa respiration pour devenir bleu (et souffler un coup avant de tomber dans les pommes) ; comment tourner au rouge pivoine en contractant les muscles du cou sans avoir une crampe. Bleurk lui apprit aussi à hausser la voix pour pousser des cris perçants, à raidir son corps et à le faire trembler comme s'il était secoué de convulsions.

Mais quelque chose d'étrange se produisit. Bleurk, qui avait toujours été fier de son talent pour les colères, avait changé : en observant Croupi, il se sentait écœuré.

Bleurk ne savait plus où il en était. Il ne pensait qu'à terminer l'apprentissage de Croupi et à partir.

Le jour où Bleurk finit de transmettre tout son savoir à Croupi arriva enfin.

— Je pense que Lunk et moi nous allons vous quitter maintenant.

— Oh non, sûrement pas.

Bleurk s'arrêta net.

— Comment ?

— J'ai dit : Oh non, sûrement pas. Vous n'allez pas partir.

— Mais vous avez promis…

Croupi fit un signe de la main.

— Je ne tiens pas mes promesses.

— En tout cas, vous respecterez celle-ci, déclara Bleurk.

Et il continua à se diriger vers la sortie de la salle du trône.

— Stop ! cria Croupi.

Bleurk poursuivit son chemin.

— Arrêtez cet enquiquineur ! hurla Croupi, en désignant la Chose la plus proche. Saisissez ce poilfou !

La Chose ne bougea pas.

— Que quelqu'un leur barre la route ! brailla Croupi.

Personne ne moufta.

Croupi n'en revenait pas. Il commença à frissonner, puis se mit à trembler, et laissa exploser une des plus terrifiantes colères de l'histoire de la galaxie.

Bleurk se retourna pour l'observer. Il crut qu'il allait vomir. Croupi était ignoble.

Et dire que c'est moi qui lui ai tout appris ! pensa Bleurk, horrifié. Mesurant à quel point Croupi était hargneux, il se mit à méditer et songea à la vie qu'il avait menée jusqu'à présent.

Il réalisa combien Croupi était tyrannique.

Bleurk réfléchit à son comportement avec les autres Splatiens.

Il se rendit compte que Croupi était abominable.

Bleurk fit son propre examen de conscience.

Bleurk n'était pas très heureux.

Pendant ce temps, Croupi délirait de plus en plus. Il bondissait sur le sol, hurlant, la bouche écumante, changeant de couleur toutes les dix secondes.

C'est alors que Bleurk, levant les yeux en direction du trône, vit le fusil à rayons laser, posé à l'endroit habituel. Courant à toute allure, il saisit l'arme et la lança vers une Chose.

— Tiens ! cria-t-il. Attrape !

La Chose s'empara du fusil. Un instant, elle le fixa, l'air surpris et perplexe. Puis elle réalisa qu'il y avait une chance à saisir.

Avec une horrible grimace, d'un coup de dents, la Chose cassa le fusil en deux.

Le fracas arrêta une seconde la colère de Croupi. Mais quand il vit ce que la Chose avait fait, il repartit de plus belle.

Le chef des Choses s'approcha de Croupi, le prit par la peau du cou et lui dit :

— Trop c'est trop.

Il emporta Croupi jusqu'à la fenêtre la plus proche, le suspendit au-dessus du vide et le lâcha. Ils entendirent Croupi hurler et jurer tout au long de sa chute jusqu'aux douves. Puis un énorme *splash !* retentit.

Bleurk courut vers la fenêtre. Tout en bas, il vit Croupi escalader le fossé. Levant les yeux vers les remparts, le petit homme brandit un poing menaçant.

— Si vous êtes comme ça, je ne joue plus ! rugit-il. Je rentre chez moi !

Bleurk regarda les Choses. Les Choses contemplèrent Bleurk.

Tous ensemble, ils éclatèrent de rire.

Cette nuit-là, ils firent une grande fête dans le château. Les Choses mangèrent, chantèrent et racontèrent des histoires jusqu'au petit matin.

Bleurk aima beaucoup cette soirée. Mais une partie de lui-même était triste. D'abord, il ne comprit pas pourquoi. Les Choses étaient formidables, mais elles n'étaient pas comme lui. Bleurk se sentait seul. Il appréciait sa vie avec les Choses mais c'est à Splat qu'il était chez lui.

Alors, la vérité lui sauta aux yeux : il avait le mal du pays.

Il fallait qu'il rentre.

Le lendemain matin, il se prépara à partir. Les Choses l'aidèrent à remplir la fusée de victuailles. Elles lui offrirent des cadeaux : une couverture chaude, une planche en bois où était fixée la moitié du fusil de Croupi, et une sculpture en pierre représentant une Chose nourrissant une poulpouète.

Bleurk rangea soigneusement ses cadeaux dans le vaisseau spatial.

— Au revoir, Bleurk, dit le chef des Choses, d'une voix qui résonnait comme deux pierres crissant l'une sur l'autre. Tu vas nous manquer.

Bleurk sourit tristement.

— Je vous regretterai moi aussi, soupira-t-il.

Puis il mit Lunk dans la fusée, ferma la porte derrière lui et s'apprêta à mettre les gaz.

Maintenant, il n'avait plus qu'un seul souci.

Quelle direction devait-il prendre ?

— Je pense qu'il suffit de chercher, dit-il à Lunk.

Appuyant sur l'accélérateur, il décolla de la planète des Choses.

Il décida de se mettre immédiatement en orbite autour de la planète pour descendre en piqué et faire un dernier signe d'adieu à ses amies. Mais, à mi-chemin, il tira si brusquement sur l'accélérateur qu'ils tombèrent presque du ciel.

Il ne pouvait en croire ses yeux.

CHAPITRE VII

LE RETOUR

Bleurk regardait à ses pieds et riait si fort que des larmes ruisselaient sur ses joues. Avant d'atterrir au milieu des Choses, il avait cru effectuer un simple virage mais, en réalité, il avait accompli un demi-tour. Et de son vaisseau spatial il n'avait pas reconnu la Zone Inexplorée de Splat.

Il soupira. Pas étonnant que Meuf Prof lui ait collé un zéro en géographie !

Un peu plus tard, Bleurk volait au-dessus des siens. C'était bon d'être de retour.

Quoique…

Tout à coup, Bleurk se sentit dégrisé.

Beaucoup de problèmes l'attendaient sur Splat. Mais où aurait-il pu aller ? Ses récentes aventures lui avaient appris que l'herbe n'est pas plus verte ailleurs, et même plutôt moins.

Pour le meilleur ou pour le pire, il était chez lui. Maintenant, il savait ce que cela voulait dire. Il n'avait plus qu'à se faire pardonner. Une seule chose demeurait importante : il ne permettrait pas qu'on touche à Lunk.

Ralentissant la fusée, Bleurk tenta de repérer le Bâtiment 78 du Quartier des Enfants et finit par le trouver.

S'appliquant du mieux qu'il pouvait, il réussit un atterrissage parfait sur le toit.

Il détacha Lunk. Le garçon et le poilfou sortirent de la navette spatiale et marchèrent jusqu'à la porte du bâtiment. Quand ils l'atteignirent, elle s'ouvrit brusquement et le surveillant des enfants sortit comme un ouragan.

— Qu'est-ce que vous faites ici ? hurla-t-il. Ce toit est réservé aux…

Le surveillant s'arrêta net au milieu de sa phrase. Son cadran se mit à tourner à toute vitesse. Puis, d'une voix complètement différente, il s'écria :

— Bleurk ! D'où viens-tu ?

Avant que Bleurk n'ait eu le temps de répondre, le surveillant roula vers eux et chatouilla affectueusement Lunk derrière les oreilles.

— Heureux de te voir, vieux, dit-il.

Bleurk regarda le surveillant avec surprise. Il ne s'attendait pas à ce qu'il soit content de voir Lunk.

Une heure plus tard, Bleurk et le surveillant allèrent voir Meuf Prof.

— Bleurk ! s'exclama la maîtresse quand elle le vit passer la porte. Où étais-tu pendant tout ce temps ? Je me suis fait tellement de souci pour toi !

— C'est une longue histoire, répondit Bleurk, essayant de cacher son étonnement devant l'inquiétude de Meuf Prof. Mais si je suis venu vous voir, c'est pour vous parler de Lunk. Allez-vous annuler la mission de la Brigade Anti-Nuisibles ?

À la seule mention du nom de Lunk, les mâchoires de Meuf Prof se crispèrent. Une flamme de colère s'alluma dans ses yeux.

— J'ai peur que cela soit impossible, Bleurk, dit-elle avec fermeté. Ce poilfou est un danger public.

Bleurk n'arrivait pas à y croire. Elle voulait toujours réduire Lunk en poussière !

Bleurk était furieux. Il commença à trembler, bouillant intérieurement. Il sentait une colère puissante se former en lui !

Puis il pensa à Croupi et à l'horreur qu'il lui inspirait. Il se sentit mal. La colère sembla se recroqueviller et s'évanouir.

Bleurk respira un grand coup.

— Je suis vraiment désolé des dégâts provoqués par Lunk, dit-il. Mais ce n'était pas sa faute. C'était la mienne. Je serais heureux de faire la paix.

À ces mots, Meuf Prof tomba à la renverse. Le surveillant mit sa main sur le front de Bleurk.

— C'est réellement toi, Bleurk ? demanda-t-il avec inquiétude. Est-ce que tu te sens bien ?

— Je me sens très mal, répondit Bleurk. Je me fais beaucoup de souci pour Lunk. Je ne veux pas qu'il souffre à cause de moi.

Meuf Prof se leva. Elle resta silencieuse quelques instants.

— C'est vraiment ce que tu penses ? interrogea-t-elle enfin.

— Oh oui, tout à fait ! s'écria Bleurk.

— Alors je crois que nous pourrons trouver une solution. Mais cela exigera beaucoup de travail.

— Ça ne peut pas être pire que de nourrir les poulpouètes

— Comment ?

— Rien. Quand voulez-vous que je commence ?

— Demain, ça ira, dit la maîtresse. Pour l'instant, j'aimerais que tu me racontes où tu étais.

Bleurk raconta donc ses aventures à Meuf Prof et au surveillant. Puis il dut rapporter le vaisseau spatial à la Brigade Anti-Nuisibles. Là aussi, la situation était... délicate. Mais des excuses répétées et sincères — et le soutien du surveillant — résolurent les problèmes.

À la fin de la journée, ils rentrèrent au Bâtiment 78.

Bleurk monta les escaliers quatre à quatre.

— Hé, Lunk ! cria-t-il. Je suis là !

Il ouvrit toute grande la porte de sa chambre.

Lunk bondit à sa rencontre. *Badaboum, badaboum.*

— Ah, le bruit charmant ! dit le surveillant dans un soupir, et il roula vers l'aspirine la plus proche.

TABLE DES MATIÈRES

kid POCKET

LES GRANDES HISTOIRES DE LA VIE

Tu as aimé ce livre.
En voici d'autres dans la même collection :

Les princesses ne portent pas de jeans
Brenda Bellingham

Avec sa drôle d'allure et son imagination délirante, Léa se moque de passer pour une folle et une menteuse auprès des enfants de sa classe. Le plus troublé, c'est Jeff qui, lui, trouve Léa plutôt à son goût. Amie ou ennemie, son cœur balance...

Romarine
Italo Calvino

Romarine, Poirette, Pomme et Peau... autant de curieux personnages et de drôles d'histoires menées tambour battant par le grand écrivain Italo Calvino. Huit contes du folklore italien à savourer pour le plaisir de s'en laisser conter...

Une grand-mère en chocolat
Georges Coulonges

En rentrant de vacances, Chloé et Pascal retrouvent leur grand-père. C'est la joie ! Papy est tout bonheur. Il fait sauter Pascal à bout de bras, chatouille Chloé et annonce, radieux, qu'il leur a réservé une surprise. Sans leur laisser le temps de réagir, il leur présente Carlota... leur nouvelle grand-mère.

Laissez-moi mon dragon
Jackie French Koller

Alex est content : il a réussi à convaincre son père de ramener Zantor, le bébé dragon, au village. Mais le Conseil des anciens n'est pas d'accord du tout : ceux qui croient possible de vivre en paix avec les dragons sont condamnés à mort...

Tine Toeval se fait la malle
Guus Kuijer

Tine est complètement zinzin et adore faire le cochon pendu. Job ne sort jamais sans sa boîte à trésors et Bas, avec son nez qui coule tout le temps, rêve de vivre avec des animaux. Ils jouent tous les trois et se racontent des trucs jusqu'au jour où Tine lance une idée saugrenue : et si on se perdait ?...

Croquignote
Pierre Louki

Les souris en ont assez d'être terrorisées par le chat. Ce jour-là, réunies autour de Croquignote, elles étudient une idée un peu folle : devenir amies avec leur ennemi juré. Mais comment faire pour approcher l'animal ? C'est alors que Croquignote propose un plan de bataille tout à fait original...

On a piégé le mammouth
Jackie Niebisch

Quatre enfants des cavernes décident de chasser un mammouth, plutôt que de cueillir des baies et des noisettes. Le plus petit d'entre eux dit qu'il suffit de tendre un piège : on creuse un trou, le mammouth tombe dedans et on l'achève avec la lance. C'est tout.

Timothée tête en l'air
Margaret Ryan

Timothée est sélectionné pour un concours inter-écoles. Mais il est inquiet. Il sait qu'il est tête en l'air. Que se passera-t-il si, au moment crucial, il oublie pourquoi les bouchons flottent ou ce qu'est un astéroïde ? Il s'en fait d'autant plus que ses adversaires sont les champions de l'esbroufe.

Polly la futée et cet imbécile de loup
Catherine Storr

Pour attraper Polly et la manger, il ne néglige rien, ce loup, ni la magie ni les vieux trucs des contes de fées. Mais le duel est inégal : Polly est loin d'être une idiote car elle a beaucoup lu, elle aussi, et le loup, lui, n'est pas très futé.

kid POCKET

LES GRANDES HISTOIRES DE LA VIE

Composition : Francisco *Compo*
61290 Longny-au-Perche

Achevé d'imprimer en mai 1998
par Maury-Eurolivres S.A.
45300 Manchecourt

Dépôt légal : juin 1998.

POCKET jeunesse 12, avenue d'Italie • 75627 PARIS Cedex 13
Tél. : 01.44.16.05.00